# Inhalt

## IAS 39 - Überarbeitete Vorschriften zur Zeitwertbilanzierung

Kernthesen

Beitrag

Fallbeispiele

Weiterführende Literatur

Impressum

# IAS 39 - Überarbeitete Vorschriften zur Zeitwertbilanzierung

*A. Kaindl*

## Kernthesen

- Die EU-Kommission hat erklärt, voraussichtlich Ende September 2005 eine geänderte Fassung des internationalen Bilanzierungsstandards für Finanzinstrumente verabschieden zu wollen.
- Er enthält überarbeitete Vorgaben zur Zeitwertbilanzierung (Fair Value Option).
- Die neuen Regeln sollen rückwirkend zum 1. Januar 2005 gelten.

## Beitrag

Um die vom IASB ursprünglich erarbeitete Version des IAS 39 war ein heftiger Streit ausgebrochen. Das IASB weigerte sich lange, auf die Kritik einzugehen, musste sich seinen Kritikern aber letztendlich beugen.

# Ausgangssituation

Keiner der neuen internationalen Bilanzierungsstandards hat solche heftigen Debatten ausgelöst, wie der IAS 39, der internationale Bilanzierungsstandard für Finanzinstrumente. Dabei wurde nicht nur um technische Details gerungen. Auch die Arbeitsweise des International Accounting Standards Board (IASB) wurde kritisiert. Der IASB erarbeitet die internationalen Rechnungslegungsvorschriften. Unternehmen, Regierungen sowie die EU-Kommission und das Europäische Parlament warfen dem IASB vor, praxisferne Entscheidungen zu treffen und nicht offen für Kritik zu sein. (6)

Damit der IAS 39 trotzdem Anfang 2005 in Kraft treten konnte, wurde im September 2004 folgender Kompromiss gefunden: Der Bilanzierungsstandard tritt in Kraft, aber die umstrittenen Regeln zur Fair Value Option und zum Hedge Accounting werden zunächst ausgeklammert. Diese Ausklammerungen waren als ein Sonderfall mit vorübergehendem Charakter gedacht, d.h. bis zur Veröffentlichung der erforderlichen Änderungen am IAS 39 durch das IASB. (6)

Unter Hedge Accounting wird die bilanzielle Abbildung von Sicherungsbeziehungen verstanden. Die Fair Value Option sieht das Wahlrecht vor, grundsätzlich alle Finanzinstrumente (finanzielle Vermögenswerte und Verbindlichkeiten) bei Zugang freiwillig, damit aber auch unwiderruflich, zum Fair Value, also zum Zeit- oder Marktwert zu bilanzieren (Zuordnung zur Bewertungskategorie: At Fair Value through Profit or Loss). Der IASB hatte im Dezember 2003 dieses Wahlrecht über eine Änderung des IAS 39 eingeführt. Mit der Bewertung zum Fair Value soll ein realistischeres Bild des ökonomischen Zustands eines Unternehmens gezeichnet werden. Allerdings werden die Ergebnisse auch einer größeren Volatilität ausgesetzt. (siehe auch Knowledge Summary: Neuregelungen des Bilanzierungsstandards für Finanzinstrumente (Oktober 2004))

Zahlreiche Bankenvertreter, wie die Europäische Zentralbank (EZB) oder der Baseler Ausschuss für Bankenaufsicht, kritisierten, dass es durch die Fair Value Option im Fall von Bonitätsabstufungen durch Ratingagenturen zu positiven Auswirkungen auf das Ergebnis kommen könnte. Denn eine schlechtere

Bonität schmälert den Zeitwert der eigenen Verbindlichkeiten, was sich wiederum positiv auf das Ergebnis auswirkt. (1), (2)

Problematisch ist auch die Ermittlung des Fair Value bei nicht an einem aktiven Markt notierten Finanzinstrumenten. In solchen Fällen muss der beizulegende Zeitwert modellbasiert ermittelt werden. Die den Modellen zugrunde liegenden Annahmen können aber von Unternehmen zu Unternehmen sehr unterschiedlich sein, sodass die Fair Values ähnlicher Finanzinstrumente als Folge voneinander abweichen können. Die Konsequenz ist eine eingeschränkte Vergleichbarkeit. (7)

# Ergebnis der Überarbeitung des IAS 39

Nach ausführlichen Konsultationen mit dritten Parteien veröffentlichte der IASB am 16. Juni 2005 eine modifizierte Fassung von IAS 39: Ansatz und Bewertung die Fair Value Option. Durch diese wurde der ursprüngliche Standard verbessert. In der geänderten Fassung von IAS 39 wird das Wahlrecht zur Zeitwertbilanzierung auf konkrete Situationen beschränkt. Die Nutzung der Fair Value Option wird auf solche Sachverhalte eingeschränkt, bei denen die

Designation finanzieller Vermögenswerte oder finanzieller Verbindlichkeiten in die Bewertungskategorie -At Fair Value through Profit or Loss- entweder zu einer Erhöhung der Relevanz der Abschlussinformationen oder zu einer Komplexitätsreduktion oder Erhöhung der Zuverlässigkeit der Bewertung führt. Die Option kann noch immer auf finanzielle Verbindlichkeiten angewendet werden. Die Unternehmen müssen allerdings künftig im Anhang den Anteil der Wertveränderung der Verbindlichkeiten ausweisen, der auf das eigene Kreditrisiko zurückzuführen ist. Die Option kann ausgeübt werden, wenn dadurch eine bewertungsbedingte Inkongruenz erheblich verringert oder beseitigt wird. Im Rahmen der praktischen Anwendung ist fraglich, welche Anforderungen mit dem Begriff einer Ansatz- oder Bewertungsinkongruenz (accounting mismatch) konkret verbunden sind. Nach Ansicht des IASB kommt es dabei auf die folgenden beiden Prämissen an: Einerseits muss das bilanzierende Unternehmen über bestimmte Vermögenswerte und Verbindlichkeiten verfügen, bei deren Bewertung oder Erfassung der Bewertungserfolge Inkongruenzen resultieren, und andererseits müssen die Vermögenswerte und Verbindlichkeiten in einem ökonomischen Zusammenhang stehen. Die Fair Value Option kann auch zum Einsatz kommen bei der Bewertung eines Portfolios von

Finanzinstrumenten zum beizulegenden Zeitwert oder bei einem Finanzinstrument mit eingebettetem Derivat, bei dem auf eine Trennung verzichtet werden kann, weil es als Ganzes zum Fair Value bewertet wird. (1), (2), (4)

Der überarbeitete IAS 39 enthält Vorgaben, wie bei der Ermittlung des Fair Values eines Finanzinstrumentes bei Fehlen eines aktiven Markts zu verfahren ist. Der Standard sieht für die Finanzinstrumente, deren Marktwert mit einem Bewertungsmodell ermittelt werden muss, vor, dass im Anhang umfassende Angaben zu den verwendeten Modellen gemacht werden müssen. Ob ein Modell geeignet ist, muss durch einen darin zu verankernden Marktbezug sichergestellt werden. Ein solches Modell muss sämtliche von den Marktteilnehmern in Bezug auf die Preisbildung als relevant eingeschätzten Einflussgrößen beinhalten und zusätzlich im Einklang mit den gängigen Methoden für Preisfestsetzung von Finanzinstrumenten stehen. Im Zusammenhang damit enthält der modifizierte IAS 39 Faktoren, die aufgrund ihrer Auswirkungen auf den Fair Value bei der Modellierung einzubeziehen sind. Der Bilanzierungsstandard beinhaltet keine Bewertungsmodelle. Es wurde aber die Forderung verankert, dass solche Verfahren zum Einsatz kommen müssen, deren Angemessenheit durch häufige Praxisanwendung bestätigt wurde. (7)

Angesichts der Bedeutung einer raschen Übernahme des geänderten IAS 39 hat die Europäische Kommission einen Verordnungsentwurf vorbereitet, der von den Mitgliedsstaaten im Rahmen des Regelungsausschusses für Rechnungslegung am 8. Juli 2005 einstimmig angenommen wurde. Sofern, wie vermutet, das EU-Parlament keine Einwände erhebt, gedenkt die EU-Kommission den geänderten IAS 39 Ende September 2005 zu übernehmen. Diese Übernahme erfolgt rückwirkend zum 1. Januar 2005, sodass die Unternehmen den geänderten Standard bereits auf ihre Abschlüsse für das Jahr 2005 anwenden können. (3), (4), (5)

## Beurteilung der Modifikation am IAS 39

Die Vertreter der Kreditwirtschaft beurteilen die Änderungen des IAS 39 unterschiedlich: Der Bundesverband Öffentlicher Banken Deutschlands (VÖB) vertritt den Standpunkt, dass damit die Verzerrungen in der Ertragslage vermieden werden, die der IAS 39 in seiner ursprünglichen Form hervorgerufen hat. Außerdem werden dadurch die Mängel bei der Abbildung von Sicherungszusammenhängen (Hedge Accounting) geheilt, da nun mit der Fair-Value-Option neben dem Sicherungsgeschäft auch das Grundgeschäft zum Zeitwert bilanziert werden kann. Den hauptsächlich von der European Banking Federation (EBF) vertretenen privaten Großbanken reicht das Wahlrecht noch nicht. Sie wollen eine stärkere Anpassung der internationalen Rechnungslegungsstandards IAS/IFRS an die Praxis im Risikomanagement durchsetzen. (1)

## Offene Punkte

Ein umstrittenes Thema bleibt die Praxis bei Sicht- und Spareinlagen, den sogenannten Core Deposits. Vertreter aus dem Lager der privaten Banken - und hier in erster Linie die französische Lobby - wollen bei den Core Deposits aber nicht lockerlassen. (4)

Für die Absicherung großer Portfolios (Macro Hedging) wollen die privaten Banken, vertreten von der EBF, über das Zinsmargenhedging die Bilanzierungspraxis stärker an die Praxis im Risikomanagement angleichen. Die Verhandlungen darüber gelten als wesentlich schwieriger als bei der Fair-Value-Option, weil der IASB bislang vom Vorschlag der EBF wenig hält. (1), (4)

# Fallbeispiele

Die Umstellung auf IAS/IFRS ist derzeit das bestimmende Thema im Rechnungswesen vieler Unternehmen. Obwohl viele Unternehmen die Bilanzierungsvorschriften anwenden, besteht bei einigen Standards noch Verbesserungsbedarf. Dazu zählt auch der IAS 39. Zu diesem Ergebnis kommt eine Umfrage der Wirtschaftsprüfungsgesellschaft KPMG unter den 100 bedeutendsten börsennotierten Unternehmen in Deutschland. Den IAS 39 lehnen viele Unternehmen ab, da sie ihn in der derzeit gültigen Fassung für kaum umsetzbar halten. Er verursache einen sehr hohen technischen und manuellen Aufwand. Der Standard verfälscht die wirkliche Hedging-Situation im Unternehmen. Außerdem stehen die Ansatz- und Bewertungsvorschriften zum Teil im Widerspruch zu den internen Steuerungsmodellen. (9)

# Weiterführende Literatur

(1) Bilanzstandard IAS 39 absolviert erste Etappe Fair-Value-Option stellt nicht alle Banken zufrieden

aus Börsen-Zeitung, 16.06.2005, Nummer 113, Seite 3

(2) EU setzt auf schnelle Einigung zu Zeitwertbilanzierung bei IAS 39 Grünes Licht für Juli erwartet - Anwendung rückwirkend zum 1. Januar 2005
aus Börsen-Zeitung, 11.05.2005, Nummer 89, Seite 7

(3) EU-Staaten nicken überarbeiteten Bilanzstandard ab Neuer IAS 39 soll rückwirkend zum Jahresanfang gelten
aus Financial Times Deutschland vom 11.07.2005, Seite 18

(4) Bei IAS 39 drückt Brüssel aufs Tempo Regierungen winken Fair-Value-Option durch
aus Börsen-Zeitung, 09.07.2005, Nummer 130, Seite 3

(5) EU bald ganz IAS-39-konform Einigung über Normen zu Fair Value
aus Neue Zürcher Zeitung, 09.07.2005, Nr. 158, S. 25

(6) Hartes Ringen Der IAS 39 hat für viel Streit gesorgt. Anfang des Jahres trat deshalb nur eine abgespeckte Variante in Kraft. Derzeit wird der Standard überarbeitet
aus Financial Times Deutschland vom 29.04.2005, Seite 8

(7) Fair Value-Option weiter in der Diskussion
aus Versicherungswirtschaft, 1.5.2005, 60.Jg., Nr. 09, S. 652

(8) Treuhänder des IASB machen Zugeständnisse an Brüssel Streit um EU-Präsenz in Bilanzgremium schwelt weiter
aus Financial Times Deutschland vom 30.06.2005, Seite 19

(9) Fünf Standards ärgern die Unternehmen STUDIE
aus Financial Times Deutschland vom 29.04.2005, Seite 9

# Impressum

## IAS 39 - Überarbeitete Vorschriften zur Zeitwertbilanzierung

**Bibliografische Information der deutschen Nationalbibliothek**

Die Deutsche Nationalbibliothek verzeichnet diese Publikation in der deutschen Nationalbibliografie; detaillierte bibliografische Daten sind im Internet über http://dnb.d-nb.de abrufbar.

ISBN: 978-3-7379-1330-0

© 2015 GBI-Genios Deutsche Wirtschaftsdatenbank GmbH, Freischützstraße 96, 81927 München, www.genios.de

Alle Rechte vorbehalten. Dieses Werk ist einschließlich aller seiner Teile – z.B. Texte, Tabellen und Grafiken - urheberrechtlich geschützt. Jede Verwertung außerhalb der Grenzen des Urheberrechtsgesetzes bedarf der vorherigen Zustimmung des Verlags. Dies gilt insbesondere auch für auszugsweise Nachdrucke, fotomechanische Vervielfältigungen (Fotokopie/Mikroskopie), Übersetzungen, Auswertungen durch Datenbanken oder ähnliche Einrichtungen und die Einspeicherung und Verarbeitung in elektronischen Systemen.